LES PLAGES

DE

L'OUEST DE LA FRANCE

PAR

Le Docteur A. LABAT

PARIS
IMPRIMERIE GAUTHIER-VILLARS
55, QUAI DES GRANDS-AUGUSTINS, 55

1880

LES PLAGES

DE

L'OUEST DE LA FRANCE

Il semble qu'on doive comprendre sous cette dénomination les plages situées entre la frontière espagnole et la pointe du Finistère; nous préférons adopter pour limites les embouchures de deux grands fleuves, la Garonne et la Loire, ce qui permettra des points de rapprochement plus nombreux et motivés, encore laisserons-nous Pornic dans le groupe breton.

Nous distinguerons : 1° les bains de la Gironde; 2° les bains de la Saintonge; 3° les bains de la Vendée.

I. Bains de la Gironde.

Je les appellerai ainsi, bien qu'ils soient dans le département de la Charente-Inférieure. Ils occupent la rive droite du grand fleuve depuis Talmont jusqu'à la pointe de la Coubre. Royan en est le centre par son importance et par ses ressources.

La direction générale de la côte est S.-E. N.-O. ou mieux S.-S.-E. N.-N.-O. Elle est découpée et creusée de façon à présenter une série de dépressions ou d'anses sensiblement demi-circulaires, dites *conches* dans le pays, disposition éminemment favorable pour les bains de mer. Elles s'ouvrent généralement au S.-O., et sont abritées par les falaises du N., du N.-E., quelquefois même du N.-O., à cause d'un retour de la pointe supérieure des rochers.

Le pays est riant et bien cultivé ; les champs de blé, de maïs, de pommes de terre, les prairies artificielles et les vignes bordent le littoral, et, quand les dunes en ont pris possession, le terrain a été en partie reconquis par les pins maritimes, à côté desquels se développent quelques bois de chênes verts. La présence d'un large fleuve n'est pas étrangère au succès de cette végétation si voisine de la mer.

Une étude d'ensemble sur le climat de cette région, sur la constitution du sol et sur les propriétés de l'eau de mer, trouvera ici sa place et évitera de nombreuses redites à propos de chaque plage en particulier.

Climat. — Le climat est généralement salubre, ce dont témoigne la santé des habitants. La présence des marais donne lieu à quelques fièvres d'accès peu redoutables pour les étrangers, qu'une bonne hygiène préserve de ces accidents.

La moyenne de température annuelle est de 12 à 13°, de 12° dans l'île d'Oleron ; la moyenne de l'hiver 5°, celle de l'été 20°. La quantité de pluie est représentée par une hauteur de 0,60 à 0,70 centimètres et s'élève à 0,80 quand on remonte vers le bassin de la Garonne. Elle est donc plus élevée qu'à Paris et moins qu'à Bordeaux. Les pluies deviennent plus abondantes au commencement de l'hiver. Les vents de l'Océan, violents, ne vont pas jusqu'à rendre la côte stérile; ceux du nord et de l'ouest prédominent, ce qui fournit une résultante N.-O., comme sur la plupart des rivages océaniques de la France. Trois années d'observations faites par le docteur Troque à Royan, se rapprochent de ces données. J'ose à peine parler de mes observations d'une durée de trois semaines, du 7 au 27 juillet 1879. J'opérais dans le voisinage de la mer, à Pontaillac, l'exposition de ma fenêtre N.-N.-O. Cette partie de la saison était tout à fait anomale, ce qui arrive souvent aux observateurs de passage. Voici le résultat de trois lectures par jour, le matin 8 h., le jour 12 h., le soir 6 h.

Moyenne barométrique...	7,65.	Variation..	0,15 millim.
Moyenne thermométrique.	18°.	Maximum..	25
Moyenne hygrométrique..	0,82.	Maximum..	0,97
Jours de pluie...........	15.	Beau temps.	5
Vent de pluie............	S.-O.	Du beau temps	N.-O.

Pendant la période de mauvais temps, la température variait très peu le jour et la nuit. J'ai pris, aussi, suivant mon habitude, la température de plusieurs puits pour vérifier la moyenne annuelle : le puits de l'hôtel de Pontaillac était à 12°5 ; le puits Mercier de Ronce-les-Bains, profond seulement de 6 mètres et à ciel ouvert, 14° ; le puits de Mescher, à 16 m. de fond, 13°. Ce dernier remplissait le mieux les conditions voulues. Les puits sont nombreux dans les villages le long de la côte et proche de la mer.

Constitution du sol. — La côte de Mescher à Saint-Palais est formée d'une ligne de falaises ou de rochers entrecoupés par les anses ou conches dont il a été question. Le sable vient se loger dans ces baies ou dans les anfractuosités. Par son accumulation et sa progression sur les rivages, il forme des dunes, que nous étudierons un peu plus loin. Au delà de Saint-Palais, les falaises sont remplacées par ces dunes et l'on ne voit plus que des sables.

Les rochers sont d'un effet pittoresque, déchiquetés par les vagues ; leur destruction est favorisée par des failles dont la direction constante, N.-O. S.-E., correspond à celle des grandes vallées de la Saintonge.

Les falaises se divisent en larges assises dont les inférieures, baignées par la mer, ont une coloration noirâtre, tandis que leur cassure est blanche et crayeuse. La surface est revêtue d'algues, de mousses, de coquilles bivalves souvent menues et pisiformes. Les assises d'en haut ont, au contraire, une teinte blanche ou blanc jaunâtre et une consistance plus grande, arrivant parfois jusqu'au calcaire marmoréen, ce qui se voit aux carrières de Vaux. Cette différence de structure entre le haut et le bas des falaises est un fait général dans les diverses conches.

La richesse des fossiles de la côte n'a pas été sans provoquer l'attention des géologues. Nous sommes ici dans la craie supérieure. Suivant M. Cocquand (*Bulletin de la Société géologique*, 2e série, tome XIV), c'est le niveau de la craie blanche de Meudon et de Maestricht. Les couches les plus élevées de Royan ne sont pas, dit-il, le représentant de la craie de Villedieu à Micraster cor-anguisum. M. Arnaud de Bordeaux a traité le profil géologique de la côte de Talmont à Saint-Palais où l'on voit poindre un lambeau de terrain tertiaire, à Terrenègre.

En certains points, la roche crétacée est criblée de coquilles. Les falaises de Mescher, élevées de 30 à 50 mètres au-dessus de la mer, sont devenues classiques. On y voit plusieurs bancs d'ostrea vesicularis faisant saillie parce qu'ils ont mieux résisté à la désagrégation. Le musée Gagneux, collection locale très riche, due à l'habileté persévérante d'un simple amateur, renferme des spécimens très variés et pleins d'intérêt : radiolites de grande dimension, ananchytes ovata, turrilites costatus, pecten quadricostatus, nerinea bisulcata, fusus royanus, venus royana, nautilus elegans; pleurotomariées, bucardes, rhynchonelles, terebratules, etc.; des échantillons très élégants de cydaris, de janira, de cyphosoma magnificum.

Les environs immédiats de Royan sont renommés pour l'abondance des fossiles : à Pontaillac, le banc à ostrea vesicularis, qui fait saillie vers la partie supérieure de la falaise, peut avoir de un à deux mètres de puissance. Les rochers de Saint-Palais sont criblés de coquilles. Plus loin, les rochers de la conche du Platin terminent les falaises d'une façon pittoresque avec leurs arches et leurs grottes, ouvrage des vagues puissantes. Ici on rencontre, au-dessus du calcaire cristallin, un conglomérat sableux à ciment calcaire, assez friable, et dont les grains siliceux font saillie ; ce conglomérat est recouvert par les dunes.

Les sables amoncelés sous forme de collines ou de digues portent le nom de dunes; soit à la place des falaises, soit au-dessus d'elles, ces dunes semblent continuer celles des côtes des Landes et de la Saintonge. On connaît les calculs menaçants de Cuvier et de Bremontier sur la marche des sables dans le golfe de Gascogne. La largeur de cette barrière incommode est, dans les Landes, de 4 à 5 kilomètres. Sur la côte d'Arvert on retrouve les mêmes proportions, en quelques points jusqu'à 8 ou 10 kilomètres, de façon à couvrir 4 à 5,000 hectares de terrain. Des villages, tels que le vieux Saint-Palais, ont été envahis et il ne reste plus que le clocher de l'église pour en indiquer la place.

Les dunes d'Arvert atteignent jusqu'à 70 mètres. Du haut des collines sableuses de la grande côte on les aperçoit vers le N.-O., formant des monticules coniques comme dans les pays de volcans; elles donnent à la contrée un aspect singulier de tristesse et de sauvagerie.

La grande côte, immense plage de sable, étendue des dunes d'Arvert au fort de Terre-Nègre, est un des points les mieux choisis pour l'étude de la marche des sables et de leur disposition. On y rencontre les conditions formulées par les principaux géologues, de la Bèche, Lyell, pour le développement de ce phénomène : vents violents, sable fin, sans argile, plage vaste et très découverte à marée basse.

Le littoral de la grande côte est une longue digue de sable blanc dont la réverbération est pénible aux rayons du soleil. Le sommet offre une crête à arête vive, parfois coupée d'ondulations. La pente du côté de la terre est beaucoup plus rapide que vers la mer. Derrière cette première barrière de sable se trouvent de petites plaines sablonneuses appelées *lettes*, à surfaces ondulées et où la chaleur est insupportable. La végétation y est rare et maigre : on y cueille des carex, des chardons marins, des euphorbes, des immortelles, etc.; les tamaris y sont très petits. Vient ensuite une autre ligne de dunes, puis des pins rabougris et enfin la forêt de pins, dont la présence permet le développement de plantes plus vivaces, genêts, bruyères, mêlés de lis jaunes et d'herbes variées. Les semis de pins ont fixé les sables, arrêté leur progression fatale en créant un sol nouveau. Aussi faut-il aujourd'hui distinguer les dunes mobiles et stériles des dunes fixes et productives.

Sur toute la côte qui nous occupe s'étendent des forêts de

pins qui en ont modifié l'aspect. Aux pins s'associent quelques jolis bois de chênes verts, lesquels atteignent une belle taille aux environs de Saint Palais, où ils bordent immédiatement le rivage.

Les dunes de Saint-Palais sont disposées en monticules séparés les uns des autres par des ravins et de petites vallées. Les pins maritimes sont de belle venue et le sol est couvert, principalement dans les parties déclives, de fougères, de genêts et de bruyères, qui y forment un fourré assez épais. Les sommets des monticules ne dépassent pas 40 mètres.

A Pontaillac, les dunes du côté N.-E. offrent une disposition analogue et renferment les mêmes éléments. A Saint-George, la première ligne de dunes laisse pousser des carex, des chardons marins, des genêts, des œillets au parfum suave, des labiées de diverses espèces. De là on pénètre dans une vaste forêt de pins qui se prolonge vers Mescher.

Ainsi s'étend le long de la côte un cordon de forêts dû aux semis des ingénieurs de l'État. Ainsi s'est élevée une barrière aux envahissements de la mer; et, de plus, on a reconquis sur elle une grande partie du terrain perdu. La contrée y a gagné du côté pittoresque, et les baigneurs n'auront point à s'en plaindre.

Nous retrouvons ici quelques-unes des conditions de la forêt d'Arcachon tant prônée comme station d'hiver. Royan mérite encore moins ce titre qu'Arcachon; ses plages sont un peu moins méridionales et un peu moins protégées. Il est vrai qu'au milieu des monticules de sable, dans les creux et les ravins qui les séparent, il se concentre une certaine dose de calorique, et qu'on est assez à l'abri des vents de mer. Ce ne sont pas là des avantages suffisants pour qu'il soit question de stations d'hiver. Je n'en aurais rien dit, si d'autres n'en avaient parlé.

Le littoral est généralement sableux; les galets se rencontrent au pied des rochers, dans les petites anses ou dans les anfractuosités; par exception, sur les plages. Les galets sont blancs, calcaires et pleins de fossiles, par exemple de rudistes. Voici les principaux caractères de ces sables :

Ils sont ténus et quartzeux, tels que la plupart des sables de l'Océan ; on sait que la présence de côtes plates, l'existence de petits golfes abrités, enfin l'embouchure d'un grand fleuve, sont des conditions favorables à l'accumulation de sables à grains fins.

Quand on les examine à la loupe, on y distingue plus nettement : 1° des paillettes micacées ; 2° des grains quartzeux hyalins ; 3° des grains quartzeux jaunes ou rougeâtres ; 4° des grains noirs de lydienne ou de hornblende, plus visibles sur un fond blanc que sur un verre de montre ; 5° des grains calcaires blancs et opaques. Je n'ai pas rencontré de grains d'oxyde de fer magnétique attirables au barreau aimanté. Les grains quartzeux colorés par l'oxyde de fer redeviennent incolores quand ils sont traités par l'acide chlorhydrique bouillant. Les grains calcaires blanchissent par un feu vif et se dissolvent dans les acides.

Le lavage de ces sables fournit peu de limon. La matière organique les colore quelquefois, coloration qui passe au brun par une température élevée ; les vapeurs donnent une réaction ammoniacale.

Les caractères précédents varient suivant le lieu où le sable a été recueilli : le mica et les grains noirs de lydienne sont plus abondants dans les sables de la Gironde ; le quartz hyalin domine plus que jamais dans les dunes ; les grains calcaires augmentent de nombre dans les anses de Foncillon et du Platin.

Dans le sable vaseux du port de Royan, l'argile et la matière organique se manifestent au lavage, et la matière organique brûle dans une capsule avec une odeur de corne brûlée, laissant pour résidu un charbon boursouflé.

Tous les sables de la rive droite sont effervescents par les acides. La proportion de calcaire s'élève souvent à 10 0/0 ; elle est plus élevée à Talmont. Sur l'autre rive, au contraire, le sable est peu calcaire et peu effervescent ; vers la pointe de Grave, on retrouve la nature du sable des Landes.

J'ai recherché la présence du phosphate calcaire en traitant les sables par l'acide nitrique et ensuite par le molybdate d'ammoniaque. Presque constamment j'ai obtenu un précipité jaune peu abondant.

Si les sables que nous venons d'examiner possèdent quelques variétés de caractères, il en ont beaucoup de communs. La question d'origine est toujours obscure ; ils empruntent leurs grains calcaires à la destruction des falaises crétacées ; une grande masse doit provenir de la Gironde, constituée par deux grandes rivières, la Garonne et la Dordogne, qui apportent les débris de roches granitiques. Il n'est point téméraire de supposer que les vents du N.-O. et les courants marins apportent des côtes de Bretagne des débris de même nature. Le littoral de l'ouest de la France forme un grand golfe dont les côtes d'Espagne d'une part et la pointe Bretonne de l'autre sont les extrémités. Les vents de l'Océan viennent s'y engouffrer et peuvent y rouler les débris de tous ces rivages.

N'oublions pas de signaler que les sables de cette contrée sont souillés par les poulpes qui viennent y échouer en abondance.

La mer. — On a dit, avec raison, que les bains des environs de Royan ne sont pas la vraie mer. Pour la trouver, il faut aller jusqu'à la Grande-Côte ou à Soulac. L'embouchure de la Gironde est d'une largeur peu commune ; sa largeur dépasse deux lieues et son courant puissant se traduit à marée basse par un immense sillon jaunâtre que l'on voit bien de Soulac, s'infléchissant vers l'ouest. La marée montante le repousse et, dans ces conflits, il se produit un mélange d'eau douce et d'eau salée qui altère un peu les propriétés ordinaires de l'eau marine. Les marées, sans être aussi fortes que celles de la Manche, s'élèvent de 4 à 5 mètres.

Nous avons pris quelques observations sur la température et la densité de l'eau, nous avons toujours opéré dans la région des baigneurs, sans aller trop au large et sans nous tenir trop près du bord, où se fait trop sentir l'influence du sable chauffé.

Pendant le mois de juillet, à Pontaillac, la température de la mer, prise à des heures et par des marées diverses, a varié de 17°,5 à 18°,5 ; moyenne, 18. Plusieurs points de la côte m'ont donné également 18, Saint-Georges 19, Ronce-les

Bains 20,5 (Brochard indique 23 à 25). Du reste, en août, le calorique augmente. Dans les flaques d'eau de mer des rochers, mon thermomètre à marqué 26 et 27°.

La densité a présenté plus de variations. Voici mes résultats en chiffres ronds :

Mescher.............	1014	soit	19 0/0
Saint-Georges........	1017	—	23
Pontaillac...........	1018	—	25
Grande-Côte.........	1021	—	29
Ronce...............	1025,5	—	30
Soulac..............	1025,5	—	36

La salure moyenne de l'Océan est de..... $\frac{35 \text{ à } 36}{1000}$

Le degré de salure représenté par la densité de l'eau prise à 15°, a varié assez notablement à Pontaillac, où mes essais ont été plus répétés. Il a varié avec les vents, les pluies, les marées, etc. ; les variations ont été de 4 à 5 millièmes.

Après ces données générales, nous allons dire quelques mots des bains de mer de la Gironde, en particulier.

Royan. — Royan est le centre de ces bains. Sa situation à l'entrée du grand fleuve en fait un endroit très gai et animé; c'est un passage continuel de navires et de bateaux à vapeur. La ville est coquettement placée et élégamment construite. Le quai, où se trouvent les hôtels, la promenade, les voitures et le port, est, durant la saison, ce qu'on peut imaginer de plus vivant; il n'y manque aucune des ressources qui peuvent assurer le confort des étrangers. C'est à la fois le centre des approvisionnements et des plaisirs pour toute là côte. Les médecins y ont leur résidence.

Le Parc et le Casino méritent qu'on s'y arrête un instant : le Casino est un bâtiment de style italien avec un péristyle à colonnes d'une architecture légère. Au centre, la salle de réunion et le théâtre; à gauche, le salon de lecture, bien pourvu ; à droite, le salon des dames. Il y a presque tous les jours concert, bal ou théâtre. Le Parc est d'une grande ressource pendant les journées chaudes, tant il y a de beaux arbres qu'on est surpris de voir si près de la mer. Les essences consistent en ormes, érables, lauriers, sureaux, etc. Un pont qui passe sur la grande route conduit à un rond-point qui avance dans la mer, et d'où la vue s'étend sur toute l'embouchure du fleuve. Il y a une gymnastique pour les enfants et un établissement d'hydrothérapie.

L'établissement hydrothérapique, situé dans le parc, est d'un petit modèle. Au premier, six cabinets de bains un peu exigus; en bas, 2 cabinets d'hydrothérapie avec vestiaires; bains de siège, bains de pied, pulvérisation. L'eau de mer, puisée par un manège, arrive dans un grand bassin à l'air libre, d'où elle est prise pour les bains d'eau chaude et pour les applications d'eau froide.

Il existe aussi, dans la Grande-Rue, un petit établissement où se donnent des bains de mer chauds; on va chercher l'eau dans des tonneaux.

Si le port est un ornement pour le paysage, il a l'inconvénient, à marée basse, de se convertir en un marais vaseux dont les émanations n'ont rien d'agréable. Les égouts de la ville viennent s'y déverser; il est question de les conduire plus loin.

La conche de Royan forme un immense demi-cercle ouvert au S.-O. et bordé d'un côté par les maisons de la ville, de l'autre par des bois de pins qui font partie de la grande forêt de Saint-Georges. A marée basse, c'est une vaste plaine de sable.

La plage proprement dite, c'est-à-dire l'endroit où l'on se baigne, regarde le sud; elle a l'inconvénient de se trouver à un demi-kilomètre de la promenade et des principaux hôtels. Les quatre établissements de bains comptent une centaine de cabines, ce qui annonce un bon nombre de baigneurs. La rive est plate, la pente très faible (1° à 1° 1/2), car la mer découvre d'environ 300 mètres. Le sable, assez beau et ferme au commencement, devient limoneux un peu plus loin. Du reste, l'endroit est assez abrité et la sécurité complète.

Royan est encore le centre des bains qui nous occupent, en

ce sens que, sur la droite, se trouvent les bains de mer proprement dits et, sur la gauche, les bains de Gironde.

Aussitôt qu'on a franchi la pointe qui borne la conche de Royan et qu'on s'est engagé sur la route de Pontaillac, on rencontre une conche dite de *Foncillon*, appelée longtemps conche des Dames, parce qu'elle leur était réservée. Nous dirons un mot de cette plage, bien qu'elle soit destinée à disparaître dans le plan de la nouvelle jetée. Cette anse s'ouvre au S., entre deux falaises calcaires; elle a 125 à 150 mètres de largeur, un fond de sable au centre, un fond de rochers des deux côtés. Le sable est fin, mais un peu mouvant. La pente, de 3 à 5°, est plus favorable à la natation, le bain un peu plus dangereux; aussi a-t-on placé des piquets reliés par des cordes. Ces piquets peuvent servir à indiquer la pente; sur une distance de 10 mètres, le niveau variait de 0,50, soit 0,05 par mètre. Il y a une vingtaine de cabines élevées sur des piquets et un pavillon recouvert d'une tente.

Un peu plus loin, près du fort, est la conche du *Chay*, ouverte au S.-O., et présentant des conditions analogues à la précédente; cependant la pente est moins forte. Le bain de Foncillon a l'avantage d'être à deux pas de Royan; celui du Chay prendra quelque développement par suite des constructions nouvelles qui s'élèvent tout le long de la route de Pontaillac. Cette route du bord de la mer est animée par le passage des promeneurs et des voitures découvertes qui font le trajet à tout instant. Après avoir descendu une petite côte au milieu des chalets, on est à Pontaillac, que nous considérons comme le vrai bain de mer de la contrée. Il mérite une description plus étendue.

Pontaillac. — La conche de Pontaillac s'ouvre au S.-O., entre deux lignes de falaises peu élevées, mais assez abruptes, sur une largeur d'environ 400 mètres, et sur une profondeur plus grande. Le sable de la plage est très uni, très ferme, offrant à marée basse une promenade des plus agréables. La mer découvre environ 200 mètres, ce qui correspond à une pente de 1 à 3°, ou une moyenne de

2 centimètres par mètre. Il faut donc aller un peu plus loin pour nager, cependant moins loin qu'à Royan.

Le quai est en partie fixé par un mur de soutien, en partie formé de sables fins et mobiles qui envahissent la route. Cela étant, on ne pouvait songer aux cabines roulantes, qu'on n'aurait pas pu remonter. Les cabines sont fixées sur de longs pieux enfoncés dans le sol. On en compte près de 200 appartenant à 5 établissements, qui se distinguent par leurs couleurs. Elles sont suffisantes, bien que modestes dans leur ameublement. Il est bon de les enlever dès l'entrée de l'hiver pour éviter qu'elles soient brisées par la violence des vagues. Pendant la saison, il est rare que la mer soit aussi mauvaise. Plusieurs baigneurs veillent sur le public, et l'on voit au large un canot de sauvetage.

La grande route qui passe le long de la plage est bordée d'une rangée de chalets, au centre desquels est l'unique hôtel ; parfaitement placé pour le bain, assez mal eu égard à la chaleur, à la poussière, au bruit des voitures, etc. L'ancien hôtel de l'Europe, aujourd'hui maison garnie, est isolé sur la falaise de gauche, tandis que sur la falaise de droite se voient les chalets les plus heureusement placés. Quant aux chalets des dunes, ils font triste figure dans la partie la plus avancée. La falaise de droite, un peu protégée par les hauteurs derrière l'église, laisse voir quelques arbres disposés à pousser; pendant que la falaise de gauche, balayée par les vents N.-O., n'a aucune végétation.

Nous avons déjà parlé des bois de pins des dunes. Ajoutons qu'au milieu de ces dunes, derrière les montagnes Russes, existe une magnifique allée de chênes verts, très élevés et très fournis, dont la présence si près de la mer excite l'étonnement. Un autre bois de chênes verts, à gauche sur la hauteur, au commencement de la route de Royan, peut offrir un refuge contre les chaleurs de l'été.

Toute la campagne des environs de Pontaillac est riante et bien cultivée. Les vignes vont jusqu'aux rochers qui bordent le rivage. L'air est sensiblement plus vif à Pontaillac qu'à Royan.

Beaucoup de personnes qui viennent de Royan à Pontaillac

pour se baigner s'y installeront complètement, aussitôt que les ressources s'y seront créées.

Les petites conches qui suivent, telles que celles du Gilet, ne se prêtent point à la balnéation. Un joli chemin à travers la campagne conduit à la conche de Vaux, de même forme et à peu près de même grandeur que celle de Pontaillac; lieu solitaire, perdu au milieu des pins, sans maisons et sans installation. Après avoir franchi des hauteurs d'où l'on jouit d'une vue très étendue sur la Gironde et la mer, on descend à la conche de Saint-Palais.

En résumé, Pontaillac est la station maritime la plus à recommander à tous égards. Il n'en est pas moins vrai que les médecins de Royan trouvent dans cette variété de plages de quoi remplir des indications diverses. Ceci nous conduit à la partie clinique.

Deux raisons nous obligent à ne point nous étendre sur le chapitre de la clinique : 1° les indications générales de la balnéation marine s'appliquent aux bains de mer en particulier ; 2° la clinique de Royan ne nous est connue que par les données de nos confrères. Plusieurs médecins distingués ont pratiqué et pratiquent encore dans cette station. Malheureusement, ils ne sont pas assez consultés ni obéis.

Royan est resté longtemps un bain bordelais; aujourd'hui on y vient de Paris, Lyon et autres grande villes. Parmi les travaux récents publiés sur Royan, je dois citer l'ouvrage du Dr Guillon, intitulé *Biarritz, Arcachon et Royan,* 1875, où l'on trouvera de bons renseignements.

La saison est limitée aux trois mois d'été ; le mois d'août est le moment de la grande foule, à cause de l'ouverture des vacances, et les nombreuses cabines de Pontaillac deviennent alors insuffisantes, tandis qu'elles restent vides au commencement de juillet; affaire d'habitude, que l'on changera difficilement.

Royan et Pontaillac représentent les deux formes de la médication marine : d'une part, la grande conche, vaste baignoire aux eaux tranquilles, abritée des vents froids ; d'autre part, une plage ouverte sur la mer où l'on reçoit en plein la lame; d'où la nécessité des guides sur cette dernière. Néanmoins, d'un côté comme de l'autre, les bains sont rarement interrompus par l'état de la mer ; on s'y plonge à toute heure et à toute marée. Le Dr Guillon préfère, avec raison, la marée montante, qui apporte une eau plus marine, qui se réchauffe sur le sable et qui pousse les baigneurs vers la terre.

La médication marine a un caractère modéré ; on se contente le plus souvent d'ordonner un seul bain par jour, de 5 à 10 minutes, suivi d'un bain de pied d'eau de mer chaude. Je viens de dire qu'on suivait peu les conseils médicaux : en effet, j'ai vu nombre de personnes prenant d'emblée deux bains par jour, d'un quart d'heure et plus, en vertu de raisonnements et de théories qui n'avaient aucun fondement rationnel ; j'ai vu ces mêmes personnes persister dans leur méthode en dépit des malaises, des migraines, des anorexies, des insomnies, etc.

Les bains de mer chauds sont en usage ainsi que l'hydrothérapie marine ; l'établissement du Casino est sous la direction du Dr Salmon, qui compte plus de 20 années de pratique spéciale. Le Dr Guillon a mis en avant l'idée originale des piscines en plein air creusées dans les rochers, espèce de baignoires où la température dépasse de plusieurs degrés celle de la mer. Cette pratique, qui avait son bon côté, est actuellement délaissée.

Je n'ai à signaler de particulier que la méthode du Dr Troque, lequel fait baigner les femmes pendant leurs règles, si, déjà, elles ont commencé le traitement. Ce sont les jeunes praticiens qui osent le plus volontiers rompre avec les traditions.

Peu de phénomènes morbides se présentent dans le cours de la médication ; état fébrile, insomnies résultant soit de l'intolérance exceptionnelle, soit plutôt de l'abus ; éruptions légères de la peau, telles qu'érythèmes, vésicules, parfois urticaires ; en somme, rien d'alarmant.

Aux bords de la mer, l'enfance et la scrofule sont les deux conditions principales afférentes à la médication. Royan est, avant tout, le bain des enfants ; ils y sont en très grand nombre. On peut les y conduire plus jeunes, parce que le climat est plus doux et la mer moins excitante.

Le Dr Guillon m'a affirmé qu'il avait vu guérir quelques formes graves de la scrofule. Je suis d'autant plus disposé à le croire que j'ai constaté par moi-même l'action curative d'eaux minérales salines modérément chargées de sel. La douceur du climat, le sol sableux et les émanations résineuses ne sont pas sans action.

Parmi les états de débilité et d'asthénie provenant des causes banales énumérées dans tous les livres, M. Guillon m'a signalé cet état constitutionnel des vieux syphilitiques dont la ville de Bordeaux envoie de nombreux spécimens.

Quelques phtisiques à constitution assez forte avec prédominance lymphatique peuvent tirer du bénéfice de l'eau de mer, plus encore du climat.

D'autre part, le climat est un peu mou pour les chloro-anémiques. Les jeunes filles chlorotiques ne supportent pas toujours le bain. Mlle A. essaya plusieurs jours de suite en ma présence. Elle ne pouvait réagir, restait pâle et frissonnante tout le jour, voyait diminuer son appétit et son sommeil devenir plus agité. Je lui conseillai les bains chauffés, dont elle se trouva bien.

Parmi les maladies des femmes, les cas les plus heureux d'amélioration ont trait au relâchement des organes utérins et aux leucorrhées anciennes.

Poursuivre cette énumération serait retomber dans la longue description des maladies que l'on traite à tous les bains de mer. Ces quelques considérations suffisent à montrer que Royan, s'il diffère de Biarritz et d'Arcachon, diffère aussi des bains de la Manche.

Saint-Palais. — Saint-Palais l'emporte sur toutes les autres conches par la beauté du paysage; rien de plus coquet que le petit groupe de chalets et de maisons perchés sur les falaises du N.-O., et encadrés par des pins et des chênes verts. La plage est moins étendue qu'à Pontaillac, ouverte également au S.-O., également à pente douce avec sable fin, sol ferme et uni. Quelques cabines sont rangées sur le bord; leur petit nombre indique le peu d'importance de cette station; il n'y a encore que quelques familles d'habitués qui vivent dans la tranquillité et la solitude. Les ressources sont limitées et les approvisionnements viennent du village de Vaux. Quoi qu'il en soit, la situation de Saint-Palais est si exceptionnellement agréable, les promenades y sont si variées, la végétation si vigoureuse, la plage est si bien abritée des vents du N.-O., que nous n'hésitons pas à prédire à Saint-Palais un brillant succès. Ce bain, aujourd'hui en voie de création, est appelé, dans l'avenir, à faire à Pontaillac la même concurrence que Pontaillac fait à Royan.

Plus loin, la conche du Platin et la Grande-Côte avec leurs sables un peu mouvants et leur exposition aux vents de mer et aux tempêtes présentent des inconvénients sérieux à l'installation de bains de mer nouveaux. La côte d'Arvert est encore plus inhospitalière, et l'on arrive ainsi jusqu'à la Tremblade, dont nous comptons parler à propos des bains de la Saintonge.

Saint-George. — Saint-George est un assez joli village, à 4 kilomètres environ de Royan; de petites voitures découvertes y mènent en 20 minutes par la route de forêt; on peut y aller aussi par la grande conche de Royan en faisant 2 à 3 kilomètres sur le sable. On y trouve plus de ressources pour la vie matérielle qu'à Pontaillac et des conditions de bon marché qui y attirent les familles modestes.

La conche est vaste, découverte, et s'ouvre à l'O., en face la tour de Cordouan. La plage est rectiligne sur une longueur de près d'un kilomètre exposée au S. 30° O.; la pente est de 1° à 2°; le sable fin, uni, ferme presque partout. Plus loin la plage s'incurve et elle est dominée par les dunes de 8 à 10 mètres et les pins dont il a été question.

Une douzaine de cabines rangées sur la plage servent aux baigneurs; il en vient quelques centaines par an.

Mescher est à une douzaine de kilomètres de Royan. Il est célèbre par ses grottes et ses fossiles, peu recommandable comme bain de mer, du reste très peu fréquenté. La plage n'est point mauvaise, ouverte à l'O.-S.-O, assez abritée, mais un peu loin du village.

Nous avons vu plus haut, à propos des propriétés de l'eau

de mer, que la densité allait en diminuant à mesure qu'on remonte le fleuve ; que, par conséquent, Saint-George et Mescher ne sont pas de vrais bains de mer.

Soulac. — Avant de quitter les bains de la Gironde, nous devons parler de Soulac, qui s'y rattache par sa proximité, bien qu'il s'en sépare par ses caractères.

Soulac est sur l'autre rive du fleuve et en dehors de son embouchure. Il est relié à Bordeaux par le chemin du Médoc. On y va de Royan par le bateau à vapeur : 30 minutes de trajet; puis par les wagonnettes et un tronçon de chemin de fer. C'est une grande ressource pour les gens du Médoc, qui peuvent aller s'y baigner sans y prendre domicile.

Cette pointe de terre, dite de Grave, est encore un amas de dunes plantées de pins, avec d'assez beaux fourrés de genêts et de fougères. Ces pins rappellent ceux des Landes par les entailles qu'on y pratique pour en recueillir la résine. On arrive ainsi à travers la forêt dans la petite ville de Soulac, où les constructions sont aujourd'hui assez importantes. L'hôtel de la Paix présente un très bon aspect, et de nombreux chalets bordent le rivage. Il y vient quelques milliers de baigneurs.

Malheureusement, Soulac est exposé à un double danger : l'ensablement et la dégradation de la côte. Les chalets sont couverts de sable, comme à Berk. Des ouvriers sont constamment occupés à les dégager. L'ensevelissement de l'église est un fait devenu classique ; les vents ont commencé de la mettre à nu et les hommes ont achevé la besogne. Les dunes du rivage sont toujours menaçantes et mal réprimées par des murs. Les arêtes de ces masses sableuses sont vives et ondulées, et la pente du côté du village atteint 35°. Le travail de destruction du littoral n'est pas moins alarmant. Le propriétaire de l'un de ces chalets, placés en bordure, me racontait avec mélancolie qu'il l'avait construit, il y a vingt ans, à 60 mètres, tandis qu'il n'est plus qu'à 15. L'Etat a opéré de grands travaux de protection au Verdon et à la pointe de Grave pour sauver cette langue de terre ; la côte est flanquée de digues composées de fortes masses de béton. Le quai de

Soulac n'est pas compris dans ce système de protection, en sorte que l'avenir n'est pas rassurant.

La plage actuelle est en contre-bas d'environ 10 mètres ; on y descend au milieu des sables par un grand escalier de bois. Elle est ouverte sur la grande mer au nord-ouest : excellente exposition pour l'été ; mais balayée par les vents régnants. Le sable est fin, suffisamment ferme, et la pente douce. J'ai compté 175 mètres de découvert à marée basse. La température était de 18° et la salure comme à la grande côte. Les épaves nombreuses disséminées sur ces rivages témoignent de la violence des vents et montrent qu'il peut y avoir quelque danger à s'y baigner par les mauvais temps.

Le sable de la plage est fin et quartzeux, comme ceux de la Gironde ; un peu moins effervescent ; celui des dunes, plus blanc, plus ténu, plus pur. J'ai pensé qu'il y avait quelque intérêt à examiner comparativement la roche sous-jacente aux dunes, que la mer désagrège actuellement. Or, cette roche est un grès noirâtre, à grains siliceux assez gros, unis par un ciment argileux. Les grains isolés donnent un sable grossier, qui n'a pas de rapport avec celui de la plage.

En descendant la côte vers les Landes, on arrive au petit bain de la Mélie : plage sans fin assez mauvaise ; quelques chalets perdus dans les dunes mobiles.

II. Bains de la Saintonge.

Les îles de Ré et d'Oléron barrent les côtes de la Saintonge et forment comme un bassin salé de cette partie de l'Océan. L'examen des roches, des deux côtés, montre que ces îles ont été séparées de la terre ferme. Il y a donc eu destruction d'une partie notable du continent. Aujourd'hui l'œuvre de désagrégation continue de même qu'à Soulac ; la pointe de Chatelaillon, par exemple, est incessamment attaquée. Cela n'empêche pas la mer de jeter des sables sur la côte et de former des dunes à La Tremblade, à Fouras, etc. Partout on retrouve le double travail de démolition et de reconstruction.

Il est néanmoins nécessaire d'établir des distinctions : sur la rive droite de la Gironde se montre une bande du crétacé supérieur. A proportion qu'on monte vers la La Rochelle, on passe au grès vert supérieur, lequel, suivant M. Cocquand, est le commencement de l'horizon de la craie dans ces contrées; du grès vert au jurassique. Or, les argiles marines deviennent abondantes au-dessous du grès vert et dans les divers étages du jurassique. Ces argiles, sapées et délayées par la vague, forment un limon vaseux qui se dépose dans les fonds tranquilles en vertu des lois du triage naturel des éléments des roches. La Seudre et la Charente viennent, de leur côté, chargées de vase, qu'elles déposent vers leurs embouchures.

De là cette conséquence, que les bains de la Saintonge ne reçoivent pas en plein la lame de l'Océan et qu'ils ne possèdent pas les belles plages de sable dont nous venons de parler.

Le climat est doux et pluvieux. Le voisinage des marais salants ou autres est un sérieux inconvénient.

La Tremblade. — La plage, connue sous le nom de La Tremblade, s'appelle, dans le pays, *Ronce-les-Bains*. La Tremblade est un gros bourg, situé à 4 kilomètres de la mer et se livrant à la fabrication du sel. Il n'est qu'à 20 kilomètres de Royan, d'où l'on vient en voiture à titre d'excursion. La route de Ronce-les-Bains traverse d'immenses dunes couvertes de pins.

Ronce-les-Bains est encore à son début : l'hôtel Mercier est bien tenu et quelques chalets y ont assez bonne mine. Les approvisionnements sont assurés par le voisinage de La Tremblade et de Marennes. Le pays est triste et n'est pas entièrement salubre quand soufflent les vents du nord-est, du côté de Marennes.

La mer est ici un vrai lac, tant l'île d'Oléron serre de près la côte; la communication a lieu par le pertuis de Maumusson. Au nort est le fort de Chapus; au nord-est, l'embouchure de la Seudre, véritable golfe, et, plus loin, Marennes, dont le clocher domine ce pays plat de parcs aux huîtres et de marais salants.

La plage est bordée par des dunes; elle regarde le nord-est

et s'étend sur plusieurs kilomètres. A marée basse, il faut faire plus d'un demi-kilomètre pour aller trouver l'eau ; la pente est donc extrêmement faible. Le sable est moins uni et moins ferme que sur les plages de la Gironde; on y voit des bosselures et des creux où l'eau séjourne en prenant une odeur de marécage. A quelque distance, le sable est plus mou, vaseux, couvert d'herbes marines et de coquillages. Ce sable, rapporté dans un tube, a conservé cette odeur nauséeuse. Chauffé, il noircit fortement et donne une réaction ammoniacale. Du reste, il est fin et quartzeux, peu différent des sables déjà examinés.

Le Dr Brochard a séjourné et pratiqué au bain de la Tremblade. Son expérience personnelle lui a suggéré son ouvrage, *les Bains de mer chez les enfants*, 1864. C'est une apologie des plages de l'Océan et de Rance en particulier, en même temps qu'un réquisitoire contre les bains de mer de la Manche. Son enthousiasme l'a conduit un peu trop loin. Il décrit avec complaisance ces bords fortunés au sable velouté, à l'air tiède et embaumé par les émanations balsamiques des pins. Il admire la douce température des ondes montant doucement sur le sable et lui empruntant sa chaleur bienfaisante. D'autre part, il nous dépeint les plages de la Normandie comme froides, humides, offensives par leurs galets inhospitaliers. Il exagère le degré de salure de cette eau de mer, et cependant elle est moins chargée que celle de Soulac, ce qui s'explique par le voisinage de la Seudre. Il ne nous parle ni des coups de mer de Maumusson, ni des émanations miasmatiques de Marennes. Son idée d'établir là un hôpital pour les enfants scrofuleux dans le genre de Berck n'a pas eu de suite; il y avait des obstacles nombreux à la réalisation de ce projet, du reste très louable au point de vue philanthropique.

Les critiques précédentes ne s'appliquent pas seulement au Dr Brochard. Il est fâcheux que les médecins des plages méridionales ou occidentales se croient obligés, quand ils ont à tracer les avantages de leurs stations, de faire le procès de celles de la Manche ou de la mer du Nord, dont la vieille réputation est si solidement établie. Ne s'y est-on pas pris de la même façon pour fonder la réputation de Dax et d'Arcachon en faisant le procès des bords de Méditerranée ? Cannes, Nice et Menton semblaient avoir usurpé leur réputation de stations d'hiver. C'est aux médecins hydrologues désintéressés dans la question qu'il appartient de rétablir les faits et les droits.

Fouras. — Fouras est un bain de création moderne qui a sa raison d'être dans le voisinage de Rochefort. La station de Saint-Laurent est à 10 minutes et l'omnibus met une demi-heure pour s'y rendre. Contrée plate et marécageuse. On trouve dans le village deux auberges et quelques chalets ; un petit bois de chênes verts, sur la droite, que la commune a vendu par parcelles, privant ainsi les baigneurs du peu d'agrément dont ils jouissaient.

La plage regarde l'ouest et se développe sur quelques centaines de mètres entre le fort à gauche et les rochers à droite. Les îles d'Aix, de Madame et d'Oléron transforment la mer en un grand lac. De l'autre côté du fort débouche la Charente, semblable à un bras de mer et dont le lit est marqué par des bouées.

Le littoral est bordé par des dunes. Le rochers de droite, élevés d'une dizaine de mètres, appartiennent à l'étage du grès vert ; ils sont stratifiés de la manière suivante : une couche calcaire blanchâtre, une couche argilo-sableuse, une couche d'argile noirâtre plastique. Ces rochers sont dégradés par la vague.

A marée haute, on croirait voir une bonne plage assez déclive pour permettre le bain à quelques mètres du bord ; mais, à marée basse, il n'y a plus qu'une immense plaine de vase découverte de 5 à 600 mètres. Je trouvai une température de 19°, fin juillet, par un jour de grosse chaleur.

Le sable est de grosseur moyenne, mêlé de quelques galets calcaires et de fragments coquilliers, vivement effervescents par les acides ; les grains quartzeux dominent, et parmi les grains noirs quelques-uns ont la structure schisteuse.

Il y a deux établissements, dont le principal possède une soixantaine de cabines ; quelques baignoires pour bains chauds et un petit pavillon d'hydrothérapie.

A Chatelaillon, plus nouveau que Fouras, la plage est un peu meilleure, mais les ressources y sont moindres. L'endroit est moitié chemin entre Rochefort et La Rochelle.

La Rochelle. — La Rochelle offre, comme Boulogne ou Dieppe, les ressources d'une grande ville. Il est fâcheux que les environs participent au caractère plat et marécageux de toute cette contrée, et, d'autre part, que la société rochelaise se ferme un peu trop aux étrangers. La plage a de grands défauts : à marée basse, la mer fuit au loin, ne laissant plus qu'un chenal étroit et les débris de la grande digue de Richelieu. Le fond, mis à découvert, est un mélange de sable, de galets, de rochers calcaires, de vase et d'algues marines. Tels sont les inconvénients de la partie réservée au public ; dans les établissements particuliers on a cherché un remède à cet état de choses

Il existe deux établissements qui produisent un bel effet, vus du chemin de fer ; bâtiments élégants entourés de beaux jardins. On y arrive par la grande allée du Mail. La beauté des jardins, l'ombre des grands arbres, le parfum des fleurs, les concerts sur la terrasse du Casino, la bonne installation de l'hôtel de Richelieu sont bien faits pour consoler le baigneur de ce qui lui manque. Je connais peu de bords de mer aussi riants que cette partie qui s'étend de la nouvelle jetée à la pointe du jardin Richelieu.

On a obvié à la retraite de la mer par la création de vastes bassins qui la retiennent. Ces bassins sont séparés entre eux par des jetées et séparés en partie de la mer, qui n'y entre qu'à marée haute, renouvelant ainsi l'eau deux fois par jour. Ce système déjà ancien a subi des réparations nouvelles.

Tout n'est pas parfait dans cette combinaison : les bassins sont un peu profonds et la pente un peu raide ; il faut se tenir à des cordes ; la lame n'est sensible qu'à marée haute et, pendant les eaux mortes, il peut arriver que l'eau ne se renouvelle pas de quelques jours. Le nettoyage s'opère au moyen de vannes.

Au mois d'août, je pris la température en dedans et en

dehors des bassins ; elle était de 19° ; elle peut s'élever quand l'eau ne se renouvelle pas journellement.

Le Casino a deux pavillons pour les bains chauds et les douches. Un autre établissement de bains de mer chauds existe à l'hôtel Richelieu, dans une cour à la moresque, plantée d'arbres.

A tout prendre, les bains des bassins de la Rochelle ne méritent pas les critiques qu'on leur a adressées. Ils offrent une grande ressource tels qu'ils sont et restent encore supérieurs aux piscines d'eau de mer abritées, si répandues en Angleterre. Je ne saurais quitter ce sujet sans rendre hommage au zèle et à la persévérance du propriétaire de l'hôtel Richelieu, qui a créé des conditions de confort et d'agrément très rares au bord de la mer.

Il n'est pas d'autre bain sur cette côte qui mérite une mention. Elle n'est pas bien disposée pour la balnéation marine, inférieure, à tous égards, aux bords de la Gironde. Nous allons passer à la côte vendéenne, qui nous offrira de nouvelles lignes, des terrains nouveaux et une plage presque unique en France, les sables d'Olonne. Sa description terminera notre article.

III. Bains de la Vendée.

Les Sables d'Olonne. — Cette station est reléguée à un coin de la France. On y va par le chemin des Charentes, ligne de l'État que l'on ne saurait donner pour modèle de bon service et de rapidité. Deux grandes lignes se croisent à la Roche-sur-Yon, celle de Tours aux Sables et celle de Nantes à Bordeaux. On met 14 heures de Paris et presque 12 heures de Bordeaux. Les centres importants les plus proches sont Nantes, Angers, Tours, Poitiers, Niort, la Rochelle ; on y vient aussi de Limoges ; Nantes a ses bains de prédilection.

La Roche-sur-Yon conserve encore la physionomie du bocage vendéen ; à partir d'Olonne, la contrée n'offre plus que des sables et des marais salants ; quelques bouquets de bois dans le lointain reposent un peu la vue. L'année 1879, trop pluvieuse, n'a pas favorisé la production du sel.

La gare est à plus d'un kilomètre. En arrivant, on rencontre d'abord les marais et le parc aux huîtres; puis le port qui entoure la ville du côté nord, avec des chantiers pour les navires; il y en a de 3 à 400 tonneaux. Sur le port habite une population de pêcheurs, race laborieuse et intrépide qui vit principalement du produit des sardines. La halle de la Poissonnerie est curieuse à visiter le matin par son animation; on y voit les femmes sablaises aux membres vigoureux, dans leur costume national.

Le port communique avec la mer par un large canal compris entre deux jetées, canal qui le sépare du faubourg de la Chaume, autre agglomération de pêcheurs. Le port est lui-même séparé de la plage par une ligne de dunes alignée de l'est à l'ouest. Le côté nord de cette colline est occupé par le quartier pauvre; plus loin est l'église au milieu des rues commerçantes; sur la hauteur est la rue du Palais, aux constructions neuves et élégantes, où habitent les docteurs. La place du Palais, plantée d'ormes, fixe l'attention en un lieu où les arbres sont si rares. Quelques jardins avec terrasses et cafés jouissent de la vue de la mer. De ces hauteurs, le coup d'œil est saisissant. Ici l'on s'est joué du proverbe, en bâtissant partout sur le sable.

Le quai porte le nom de *Remblai;* cette digue protectrice date de 1750. Belle promenade toujours animée, bordée d'hôtels, de cafés et d'élégantes constructions. Elle permet aux baigneurs de faire de l'exercice en sortant de l'eau et de prendre le frais le soir sur les bancs; mais elle a l'inconvénient d'être exposée aux fureurs des tempêtes telles que celle d'octobre 1859, qui causa tant d'avaries aux hôtels riverains, et d'être brûlée par le plein midi, les rayons d'un soleil ardent chauffant impitoyablement l'asphalte et les dunes.

Le premier édifice qui fixe les regards est le Casino, à l'extrémité ouest du Remblai, construction récente, de style oriental fantaisiste; en avant se trouvent deux vérendas où l'on prend le café et où l'on entend la musique en jouissant de la vue de la plage; c'est l'exposition du levant la meilleure l'après-midi. Deux autres galeries bordent les côtés S. et N. L'absence de dunes au N. donne une fraîcheur qui est inconnue aux hôtels du Remblai. La salle de lecture est assez pauvre en journaux; la salle de théâtre a deux cents fauteuils. Les gens du pays fréquentent peu le casino.

Un ancien hôtel voisin porte aussi le nom de casino; c'est le plus important mais le plus éloigné des cabines. Le plus central est le Splendide Hôtel.

La plage, regardant le sud, par suite d'un retour de la côte qui lui fait perdre la direction générale, s'étend entre le casino et les rochers de l'est, sur une longueur de 12 à 1500 mètres; c'est un segment de cercle aplati. Le sable est fin et ferme; la pente douce et uniforme; on peut l'évaluer à 2 centimètres par mètre. La mesure directe m'a conduit à ce résultat. D'autre part, j'ai vu dans le chenal l'étiage de la marée marquant 5 mètres et j'ai observé que la mer, en forte marée, découvrait de 225 mètres.

Le sable est d'une coloration blanc jaunâtre et grisâtre avec quelques points brillants micacés. Les grains fins sont la plupart quartzeux hyalins, quelques-uns jaunâtres, d'autres noirs, d'autres d'un blanc mat. Ces derniers font effervescence par les acides. Le lavage ne fournit point de limon. Les rochers du côté de l'est sont couverts d'algues vertes ou brunes et de polypiers. On voit peu de poulpes échoués sur le rivage.

Les cabines s'alignent sur la moitié est, entre le Splendide Hôtel et l'hôtel de l'Océan. Elles dépassent 200, réparties en 6 établissements très simples et recouvertes de toiles. Là, se trouvent les appareils pour bains de pieds chauds, les maîtres nageurs, le tout à des conditions modérées. On a placé les cabines dans la partie où le sable est le plus élevé, de manière à les abriter des fortes marées L'hiver dernier, les vagues ont enlevé une hauteur d'environ 1 mètre de sable, et j'ai vu le premier établissement forcé de faire remonter ses cabines par un plan incliné sur le remblai pendant les deux ou trois jours de grande marée.

Je n'ai pu prendre que trois ou quatre fois la température de la mer; la plus basse a été de 17°5 à marée montante, la plus haute 19° à marée descendante. La densité était de 1025 à 18°, soit à 15° 1025,5, ce qui correspond à $\frac{36}{1000}$ de sel ; c'est la salure ordinaire de l'océan. Dans le parc aux huîtres, où l'eau est stagnante, le thermomètre montait à 21°,5.

On donne des bains de mer chauds dans l'établissement Morineau-Durand, derrière l'hôtel de l'Océan. Il y a 10 cabinets à petites baignoires, une salle d'hydrothérapie nouvellement installée. La pression est de 15 mètres. L'usage des bains de sable s'est conservé en vertu d'une vieille tradition.

Les dunes se retrouvent ici le long de l'Océan ainsi que les pins destinés à les fixer : du côté de l'est, ce sont des monticules de 10 à 30 mètres couverts d'herbes aromatiques. Du côté de l'ouest, le village de la Chaume est partout ensablé ; les jardins et les champs sont entourés de digues de sable où l'on a planté des tamaris. Ces collines sableuses sont un but de promenade où l'on va respirer l'air plus pur de l'Océan.

Des deux côtés de la plage, les rochers appartiennent aux terrains schisteux cristallins. De larges assises de micaschistes se dirigent de l'est à l'ouest avec des inclinaisons de 20 à 40°. Ces micaschistes sont noirâtres, grisâtres, parfois argentés. Quelques-uns ont la consistance argileuse et se laissent désagréger aisément. On aperçoit de grosses veines de quartz et de porphyre qui traversent la roche principale. Le sable du littoral est semé de fragments micaschisteux ; mais il ne résulte pas de la fragmentation de la roche, laquelle résiste à l'action des acides tandis que ce sable est partout effervescent. Du côté de la pointe de l'aiguille, où l'on prend des matériaux pour la jetée, les schistes sont blanchâtres, jaunâtres, rosés. Il y a des veines de pierre dure, grise, ayant les caractères du gneiss.

Le climat des Sables est plus chaud que ne le comporte la latitude, parce que le sol est aride et l'exposition méridionale. Pendant la première semaine d'août, la chaleur était pénible. Mes observations se sont bornées à ces quelques jours : moyenne thermométrique, 20°,5. La moyenne hygrométrique s'est maintenue entre 90 et 95 ; mon balcon donnait sur la mer.

Longtemps l'eau potable a manqué aux sables, et les baigneurs étaient sujets à un dérangement d'entrailles, indisposition appelée la *sablaise*. Actuellement, il existe, à quelques kilomètres des rochers, un réservoir qui fournit une eau très passable, transportée dans la ville au moyen d'une machine. L'indisposition dont il s'agit avait été mise à tort sur le compte des bains.

La saison des bains est comprise entre le 15 juillet et le 15 septembre; elle pourrait être aussi longue qu'à Pornic. Les vacances retardent les baigneurs, la chasse les rappelle, et le meilleur temps n'est pas mis a profit. Le nombre des étrangers est néanmoins considérable.

Quatre médecins du pays dirigent la médication; la spécialité du bain de mer ne pourrait leur suffire, parce qu'on les consulte peu et que presque tout le monde arrive avec ses propres idées ou les avis du médecin de la famille. De là tendance à l'abus du bain et à son emploi intempestif. Le docteur Petiteau me racontait qu'il a vu mourir de fièvre muqueuse un jeune ecclésiastique qui s'obstina à prendre 60 bains. Les médecins ordonnent rarement deux bains par jour; ils les commandent généralement courts, un peu plus prolongés chez les dyspeptiques. Le bain du matin aux sables passe pour moins bon que celui de l'après-midi; le Dr Petiteau tient beaucoup à ce précepte. M. Billiotte laisse passer les premiers jours des règles, après quoi il n'y voit plus de contre-indication au bain. Les femmes du pays ne regardent pas à se mettre à l'eau avec leurs règles. Le Dr Gaudin, auteur d'une bonne thèse sur les bains de mer, 1874, donne l'eau de mer à l'intérieur. Le Dr Petiteau la mêle à du rhum et à du sirop d'écorces d'oranges, sorte d'élixir tonique pour les enfants.

Les médecins des Sables d'Olonne ont la sagesse de ne pas trop étendre le cercle d'action thérapeutique de leurs bains. Toujours en première ligne, le lympathisme et la scrofule. Les enfants y viennent en très grand nombre. Du reste, l'endroit est approprié à leurs besoins. Les accidents sont fort rares sur une plage si bien constituée.

On y rencontre quelques maladies de femmes, quelques cas de chloro-anémie comme partout ailleurs; quelques catarrhes chroniques des bronches chez les enfants. Par un temps beau et sec, les rhumes légers ne sont pas une contre-indication. J'ai vu deux jeunes filles prendre tous les jours des bains dans ces conditions sans qu'il arrivât rien.

Un accident mortel dont j'ai été témoin fut occasionné par imprudence. Un homme du pays se mit à l'eau après un repas copieux et fut ramené sans vie sur la rive. Ces événements produisent mauvais effet aux bains de mer; cependant, ils n'ont aucune valeur au point de vue médical.

Telle est l'étude un peu écourtée que nous venons de faire de ces plages occidentales. La vogue des bains de la Manche les a fait négliger. Quelle est leur valeur et que doit en penser le médecin?

Les avantages de ces plages sont : un climat plus doux, la présence à peu près constante d'un sable fin, des pentes douces. Leurs inconvénients consistent dans le mélange des eaux de rivière, dans la disposition de la côte bordée de grandes îles, dans la nature marécageuse du sol.

Les Sables d'Olonne peuvent être pris pour type de plage complète. Transportés sur les côtes de la Manche, à proximité de Paris, il deviendrait le premier bain de mer de la France. Combien de réputations ont sommeillé faute d'un grand théâtre!

FIN

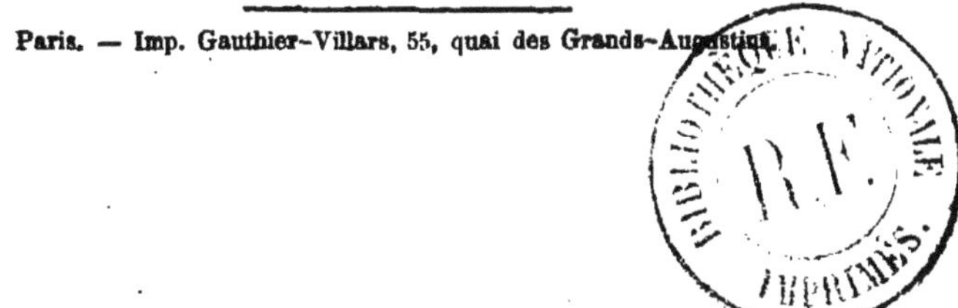

Paris. — Imp. Gauthier-Villars, 55, quai des Grands-Augustins.

EXTRAIT DE LA *GAZETTE DES EAUX*

Juin 1880

www.ingramcontent.com/pod-product-compliance
Ingram Content Group UK Ltd.
Pitfield, Milton Keynes, MK11 3LW, UK
UKHW020519230726
13925UKWH00005B/2198

9 782019 161828